(Conserver la couverture)

QUESTION — **SOLUTION** — SOCIALE

ÉTABLISSEMENT

DE LA

SOCIÉTÉ DE RÉFORME ÉLECTORALE

POUR ÉCLAIRER

LE SUFFRAGE UNIVERSEL

PAR LES

RÉUNIONS ÉLECTORALES MIXTES

COMPOSÉES DE

Moitié PATRONS et Moitié OUVRIERS

AVEC ORGANES DE PUBLICITÉ

J.-P. MAZAROZ, PROMOTEUR

A PARIS, CHEZ L'AUTEUR

94, — Boulevard Richard-Lenoir, — 94

ÉTABLISSEMENT

DE LA

SOCIÉTÉ DE RÉFORME ÉLECTORALE

POUR ÉCLAIRER

LE SUFFRAGE UNIVERSEL

PAR LES

RÉUNIONS ÉLECTORALES MIXTES

J.-P. MAZAROZ, promoteur.

LE JURY DES FAITS

> Les sages ont fait sortir **individuellement** la liberté d'un puits, afin de faire comprendre symboliquement qu'elle était toujours altérée par le système social de l'individualisme (1).

1°

OBSESSION DES CONSERVATEURS

Lorsque l'homme a un culte pour une ou plusieurs des *choses* contraires à l'esprit des lois de la nature, de ce seul fait il est plus ou moins **obsédé** par les esprits pervers, [dont l'avancement est en harmonie avec *ces choses-là*.

C'est le cas des conservateurs actuels, parce qu'ils persistent à penser que le politicisme doit continuer à diriger les intérêts des sociétés, lorsque la liberté individuelle non organisée, sur laquelle s'appuie cette association de spéculateurs, est absolument contraire aux lois de la nature.

Voici la justification résumée du mot **obsession**, dans presque tous les dictionnaires.

OBSESSION, s. f. — **Etat de personnes que l'on suppose être obsédées du malin esprit ou de mauvais esprits.** — Qui peut nier à ce sujet que : Le métier politique n'est pas l'esprit malin, et que les politiciens ne sont pas de mauvais esprits ?

L'Avare est **obsédé** par l'avarice, le jouisseur par la luxure, le despote par le despotisme, etc.

En l'absence d'une forte organisation syndicale des intérêts, les divers besoins vrais ou faux des patrons et ouvriers de l'activité nationale les livrent à des intermédiaires, hommes d'affaires publiques et privées ; enfin, à des politiciens qui **obsèdent** surtout les conservateurs par la prétendue défense des intérêts de la société.

Les politiciens sont organisés, au milieu de la désorganisation générale des intérêts, c'est là leur seule force.

Voici les bases de l'obsession politicienne.

1° Dans la nature, **la forme** est le résultat **du fonds** de toute chose ; mais les politiciens modernes ont réussi jusqu'ici à faire croire aux conservateurs que : **Le fonds** social est le résultat de **la forme** du gouvernement d'un pays.

2° La liberté est bien **le résultat** des garanties sociales et des biens qu'un homme possède ; mais les politiciens qui font en tout et partout le cadre avant le

---

(1) Dans toutes les langues antiques, altéré (*avoir soif*), et altérer (*changer, modifier, corrompre*), s'écrivent semblablement, ces mots viennent tous les deux du latin *alterare ;* mot dérivé de *alter.*

tableau, ont jusqu'ici persuadé aux patrons que : La liberté était **le principe** duquel découlait le bien-être des peuples!

3° L'homme qui dirige lui-même ses affaires voit la prospérité entrer chez lui, et pourtant, — les politiciens de toutes les sectes ont pu abuser jusqu'ici les patrons et ouvriers jusqu'à leur faire croire que :

Moins les conservateurs patrons et ouvriers dirigeraient leurs intérêts publics, plus ils seraient indépendants, et plus les politiciens gouvernent en maîtres l'administration de la fortune nationale, plus les classes de la société sont heureuses.

C'est sur ces trois bases incroyables que toutes les lois du système social de l'individualisme ont été faites.

****

Ayant la main forcée par l'esprit de nos institutions, les conservateurs acceptent les politiciens au pouvoir comme étant les hommes de leurs affaires publiques, tout en les ayant considérés comme des communistes avant leur arrivée au gouvernement!

Rien de plus caractéristique que cette balançoire d'opinion, qui constitue, comme punition, le principe actif **de l'obsession** séculaire des contribuables par leurs sectes politiques.

Je désire donner ici trois exemples de la fausseté de la première **de ces trois obsessions** politiciennes, laquelle consiste à faire considérer la forme gouvernementale comme la cause du bonheur ou du malheur des peuples.

****

Premier exemple. — Il est indiscutable que les opportunistes, radicaux, intransigeants, anarchistes, etc., ne connaissent les vertus républicaines que de réputation ; ces politiciens n'aiment la République, que parce que sa forme anonyme leur permet mieux que les autres formes gouvernementales, le gaspillage des deniers publics.

Mais lorsque la monarchie leur offre les mêmes facilités, les déclassés deviennent monarchistes sans hésiter ; témoin les politiciens du premier et du dernier Empire.

2° Exemple. — Abraham et Moïse étaient rois, et pourtant, l'organisation sociale dont ils avaient doté leurs compatriotes, procédait des plus pures vertus républicaines ; par contre : Malgré son étiquette, la République romaine était tellement aristocratique, qu'elle rendait bien des points, pour le despotisme, à l'autocratie russe d'avant l'affranchissement des serfs.

Il en est de même de la République des Etats-Unis de l'Amérique du Nord, dont le gouvernement est le plus politicien et par conséquent le plus déprédateur de tous ceux qui existent.

3° Exemple. — L'ancien régime français était des plus despotiques dans les cantons ruraux, par le moyen des lois féodales ; mais il était complètement démocratique pour les relations d'intérêts dans les villes et bourgs, grâce aux lois professionnelles contenues dans les corps d'arts et métiers institués par Louis IX et Etienne Boileaux, d'après les enseignements de l'ouvrier de Nazareth.

****

EN RÉSUMÉ. — Celui qui n'est pas convaincu que la forme d'un gouvernement n'est que l'étiquette d'une nation ; mais que l'organisation sociale est le véritable esprit pratique des Etats ; celui-là, dis-je, ne comprend pas le premier mot de l'intelligence des relations humaines.

De plus, quand les patrons et ouvriers administreront enfin directement, par eux-mêmes, les richesses publiques, comme je l'explique dans les **considérations** suivantes ; alors, les patrons et ouvriers de la France pourront s'offrir tour à tour, s'ils le désirent, toutes les formes gouvernementales possibles ; et cela, jusqu'à ce qu'ils aient trouvé celle qui conviendra le mieux à la représentation de leurs intérêts :

Car alors, ils seront les maîtres de leur pays, tandis qu'aujourd'hui, ils végètent, souffrent et se ruinent sous la pire des servitudes politiciennes, qui **les obsèdent** au moyen des trois principaux malentendus expliqués ci-dessus.

Voici la justification **de l'obsession** politicienne des conservateurs français, d'après une déclaration du principal de leurs organes quotidiens, le *Figaro*.

LES POLITICIENS JUGÉS PAR EUX-MÊMES

Prenant le peuple français comme étant bien définitivement en servitude sous les exploitations de leurs diverses sectes, les politiciens de tous les partis lèvent de plus en plus le masque : — Voici en quels termes le journal le *Figaro* bafoue les partisans des diverses nuances du cléricalisme et du monarchisme, au sujet de leurs politiciens et du politicisme en général.

« Eh non! vous n'en sortirez jamais, bons lecteurs! Et cela par votre faute! Vous ne voulez pas vous rendre compte de ce que c'est que la politique et les politiciens. — Politiciens de toutes espèces : politiciens de tribune, de presse, de salons, de clubs, de boulevards... et d'exil.

« Vous les attaquez, je voudrais bien vous y voir. Chacun a sa carrière en ce monde. Pour l'industriel, c'est son industrie; pour le commerçant, c'est son commerce. Eh bien! pour le politicien, c'est la politique. Et, pour que la politique marche, il faut qu'on ne s'entende pas, il faut qu'on soit un peu divisé.

« Or, jusqu'ici, qu'est-ce qui faisait la situation de ces hommes? C'est que chacun d'eux représentait une chose différente : celui-ci l'ancien régime, celui-là 1830, cet autre un gouvernement intermédiaire.

« De là le petit joli concerto que vous entendiez depuis douze ans; mais, si tout le monde est d'accord, il n'y a plus qu'un interminable unisson comme l'air du Mancenillier; ce qui serait peut-être fort agréable pour l'auditoire, mais ce qui ferait certainement le malheur de l'orchestre.

« Allez donc dire aux musiciens de l'Opéra que désormais ils seront réduits à un pareil rôle, ils diront : Jamais! Si chacun de nous ne fait plus une note à part, notre talent est paralysé, nous sommes perdus; et ils auront parfaitement raison; sous peine de ruine, ils doivent jouer des solos! c'est leur vie, leur carrière.

« Or, les politiciens sont des joueurs de flûte, de trombone, de chapeau-chinois, qui chantent bien sur leurs instruments : « Réunissons-nous »; mais, quand il s'agit de se réunir pour de bon, la peur les prend, et ils cherchent tout de suite quelque chose qui les en empêche.....

« Vous avez semblé croire que les monarchistes de la tribune et de la presse étaient des hommes désirant passionnément le retour de la monarchie et à qui on devait remettre sa cause.

« Or, en agissant ainsi, vous vous êtes confiés à des gens qui étaient forcés de vous trahir, je ne dirai pas que leur intérêt est distinct du vôtre, je dis qu'il est diamétralement opposé.

« Et certainement, cela est indiscutable.

« Quel est votre intérêt à vous tous? C'est qu'on s'entende pour sortir du gâchis.

« Quel est leur intérêt à eux? C'est qu'on ne s'entende jamais.

« Ils ne se l'avouent pas, car on ne s'avoue jamais ces choses-là. On s'imagine que c'est l'amour du principe, du droit? On trouve de bonnes raisons; mais, enfin, cela est ainsi.

« Et chose inouïe, ce contraste est absolument le même entre les princes et leurs prétendus partisans.

« ...Vous désirez sincèrement la même chose : l'union, la concorde, l'apaisement...

« Seulement, votre malheur, ou plutôt votre folie, ç'a été de mettre entre vous des hommes qui précisément étaient forcés de vous trahir,...

« Voyez-vous, bon lecteur, vous vous imaginez toujours que nous autres politiciens cherchons à tout prix à sortir de l'état de choses actuel... C'est une illusion!

« En quoi souffrons-nous donc, nous écrivains, députés, sénateurs ? Mais nous sommes très heureux...

« Mais nous autres, quand nous parlons des épreuves du temps présent, ce sont des mots. Nous ne sommes pas atteints du tout !

« Au contraire, plus ça va mal, plus le sujet d'article est beau, plus le discours est retentissant, puisque nous ne pouvons vivre que par le désordre.

« Et vous avez la folie de vous en rapporter à nous ; c'est pourtant trop bête... »

(Extrait du journal le *Figaro*, du 3 septembre 1883.) SAINT-GENEST.

NOTA. — Cet extrait peut se passer de toute espèce de commentaire, car il démontre lumineusement, de l'aveu même des politiciens, la nature des seuls rapports désormais possibles et même indispensables, entre le point central de chacune des formes de gouvernement, et leurs contribuables patrons et ouvriers.

2°

OBSESSION POLITICIENNE DES CLASSES LABORIEUSES

D'un autre côté, les nouvelles couches de politiciens **obsèdent** les classes moyennes et les travailleurs de toutes les industries, en les agaçant contre les conservateurs au sujet des fautes et déprédations des hommes du pouvoir.

Puis, les politiciens des bas fonds mettent charitablement les fautes de leurs confrères aux affaires sur le dos des patrons, qui sont pourtant les premiers volés.

Les politiciens ont adopté cette tactique afin d'entretenir les haines, les désirs de pillages et de spoliations dans les masses encore ignorantes, auxquelles ils promettent la jouissance légale des biens des classes supérieures, par la Révolution et sous les noms de :

1° Socialisation de l'outillage des grandes usines ;

2° Formation du prolétariat en un quatrième Etat social ;

3° Introduction de la politique dans les cantons ruraux par l'autonomie communale, etc., etc., etc.

Les politiciens au pouvoir donnent la réplique à ceux des bas fonds, en effrayant les conservateurs au moyen des déprédations imaginées par les meneurs du soi-disant parti ouvrier.

Alors, les politiciens du pouvoir assurent aux conservateurs qu'ils vont défendre leurs fortunes contre les pillages des anarchistes, lorsqu'eux-mêmes dépouillent tous les jours les contribuables par le gaspillage des impôts.

De par cette sinistre comédie :

Les politiciens aux affaires effrayent les conservateurs pour conserver **l'assiette au beurre,** selon un terme populaire pour indiquer le pouvoir. Puis, ceux des bas fonds attaquent les gouvernants dans la presse, dans les réunions et congrès, ainsi qu'à la tribune, par des injures journalières les plus justes et les mieux caractérisées.

Malheureusement, les politiciens non arrivés ont toujours fait la même chose que les autres et même pire, depuis 90 ans, lorsqu'ils ont réussi à s'emparer du pouvoir à leur tour.

De même que les avocats qui s'accablent de mauvais propos à la barre d'un tribunal, et qui, quelques minutes après, causent amicalement dans la salle des Pas-Perdus, — les politiciens qui sont au pouvoir et ceux qui n'y sont pas encore, sont, sauf quelques exceptions, les meilleurs amis du monde après s'être dit les plus grosses injures.

En définitive, les travailleurs se laissent encore **obséder** par leurs politiciens, malgré les tromperies connues de ces derniers, bien que les ouvriers soient beaucoup plus prêts que la masse des conservateurs à secouer le joug des déclassés ; mais pour cela, les travailleurs attendent que les patrons leur offrent la main.

3°

LES SECTES POLITIQUES DE L'ANCIENNE JUDÉE

COMPARÉES A CELLES D'AUJOURD'HUI

Beaucoup d'hommes illustres ont annoncé la fin du monde de l'individualisme depuis plusieurs milliers d'années, ainsi que les guerres et massacres qui ensanglanteraient, selon leurs prévisions, ce colossal accouchement du nouveau monde de l'organisation des intérêts.

Je crois inutile de rappeler ici les paroles écrites par Moïse, les prophètes, le dernier Christ, Nostradamus, le Rabbin d'Alsace, et beaucoup d'autres sur ce sujet émouvant.

Mais ce qui est certain, c'est que nous sommes actuellement dans les temps de cette rénovation humaine.

***

Je parle moi-même depuis dix ans de cet événement dans beaucoup de mes ouvrages ; en pensant et disant sur tous les tons que :

« Si les conservateurs de l'industrie, de l'agriculture et du capital que j'appelle LES PATRONS français, le voulaient sérieusement, ils pourraient éviter à l'humanité la partie révolutionnaire et sanguinaire du grand changement social qui se prépare. »

Les patrons obtiendraient ce désirable résultat en fondant simplement la Société de Réforme électorale, que je leur propose sous la forme d'une union corporative avec les chambres syndicales des ouvriers et employés.

———

Ce changement étant dans les destinées de notre époque, il doit arriver malgré tout.

Mais si les conservateurs ne préparent pas le **tamponnage organique** que je leur indique, le grand mouvement pourra leur passer par-dessus le corps, en emportant peut-être tout leur bien-être dans un écrasement général, comme cela a eu lieu en Judée à l'époque de la dispersion des juifs sous l'empereur Adrien.

***

L'organisation politique de la Judée au temps des empereurs Néron, Vespasien, Titus et Adrien, était tellement identique à celle de la France d'aujourd'hui, que les mêmes résultats révolutionnaires subis par les conservateurs juifs de ce temps-là peuvent parfaitement se reproduire bientôt contre les conservateurs actuels.

D'autant mieux que la Prusse est toute prête à remplir, contre la France, le rôle de conquérant que Rome a si bien joué contre les Hébreux de la décadence.

Cette ressemblance des conservateurs juifs de la dispersion avec les conservateurs français d'aujourd'hui, a besoin d'un rapprochement pour être encore plus frappante.

Ce rapprochement, le voici.

***

Les partis politiques qui gouvernaient et déchiraient la Judée sous la domination romaine étaient au nombre de trois selon l'historien Flavius Josèphe.

1° Les Esséniens,

2° Les Pharisiens et Scribes,

3° Les Saducéens, publicains et samaritains.

De même que les nôtres, les trois sectes juives avaient la prétention d'être avant tout philosophiques ou religieuses tout en n'étant que politiques, au moins pour les deux dernières.

———

Les Esséniens avaient la noblesse avec eux, ainsi que les autres propriétaires ; enfin les conservateurs étaient presque tous disciples des Esséniens, comme aujourd'hui les conservateurs le sont en bonne partie du catholicisme.

Les Pharisiens et Scribes qui ont été au pouvoir depuis Esdras, représentaient exactement les bonapartistes et les opportunistes, c'est-à-dire les pillards officiels de notre époque.

Les Saducéens, publicains et samaritains constituaient, autrefois, les intransigeants et radicaux de nos jours pour les chefs ; — le reste était le populaire des aboyeurs politiques des rues, temples et places, lesquels représentaient exactement les révolutionnaires et anarchistes de notre temps, soudoyés comme en ce temps-là par leurs politiciens.

En résumé, les Esséniens avaient pour disciples les gens tranquilles et honnêtes, tandis que les Pharisiens et les Saducéens représentaient bien les deux serpents du politicisme, que le caducée de Mercure nous montre depuis tant de milliers d'années.

***

En dehors de ces associations politiques, il y avait la masse des patrons et ouvriers qui obéissaient plus ou moins, comme de nos jours, aux ordres des politiciens.

En effet, de même qu'aujourd'hui, les Pharisiens opportunistes et les Saducéens, chefs des anarchistes juifs, étaient des hommes malicieux, rapineurs, jouisseurs, immoraux et sans foi sociale au fond ; enfin, ils étaient de vrais matérialistes, absolument comme les politiciens de notre époque.

***

De même que les conservateurs de notre temps, les Esséniens et les Gentils constituaient la partie la plus honnête de la population hébraïque ; c'est-à-dire celle qui aurait pu sauver la Judée de la ruine totale, si elle avait eu assez d'esprit de cohésion ; enfin, assez de ressort pour former une ligue du bien public, afin de rétablir les corporations professionnelles de Moïse, comme Jésus de Nazareth l'avait proposé, ce dont il est parlé tout le long des Evangiles sous les noms de : Règne de Dieu et de la Justice.

***

Malheureusement, les conservateurs judaïques n'ont pas su se saisir du pouvoir par ce seul moyen en leur possession, et ils ont laissé les séditieux des deux autres sectes, déchirer et perdre leur pays ;

Enfin, les conservateurs juifs se sont laissés ruiner, déposséder et chasser ensuite de leur patrie, alors qu'ils auraient pu tout sauver au début, avec un peu du patriotisme qu'ils n'ont pas su trouver dans leur cœur ; car, de même qu'aujourd'hui, les conservateurs judaïques restaient chez eux par mépris pour la politique.

***

Voici les paroles mêmes de l'historien Flavius Josèphe, sur les trois principales sectes philosophiques et politiques des Juifs de son temps. — D'après les extraits suivants de ce seul historien hébraïque, on va exactement reconnaître les sectes principales des politiciens de la France actuelle, qui s'apprêtent à ensanglanter à nouveau le monde par la Révolution.

***

« Après que la juridiction d'Archélaüs fut
« réduite en province, Coponius, qui était
« chevalier romain, y fut envoyé pour être
« gouverneur, et cette autorité lui fut don-
« née par César jusqu'à sa mort. — Ainsi
« donc que ce Coponius gouvernait, il y eut
« un certain Judas, Galiléen, qui incita le
« peuple à rébellion, d'autant qu'il reprenait
« les habitants du pays de ce qu'ils souf-
« fraient que l'on payât tribut aux Ro-
« mains... »

« Ycelui Judas était docteur de secte par-
« ticulière, n'ayant rien de semblable avec
« les autres. — Car, entre les Juifs il y a
« trois sortes de philosophies. — Les pha-
« risiens font profession de l'une, les Sadu-
« céens de la seconde ; et puis, il y a des
« Esséniens pour la troisième, et ces der-
« niers mènent une vie fort illustre et in-
« signe.

« Les pharisiens ont cela qu'ils aiment
« compagnie et tâchent de s'entretenir en
« amitié les uns avec les autres. » (**Cette
déclaration rappelle les orgies de
Saint-Cloud et du Palais-Bourbon.**)

« Mais les saducéens ont des discordes
« entre eux, en vivant comme des bêtes fa-
« rouches. »

(*De la Guerre des Juifs*, par Flavius Josèphe, liv. II, chap. XII ; traduction de Génébrard, Paris, 1609.)

**NOTA. — Cette dernière consta-
tation rappelle les luttes sauvages
de nos anarchistes, possibilistes,
collectivistes - révolutionnaires et
aboyeurs rétribués des réunions
électorales.**

Voici maintenant le récit de quelques-uns des faits horribles des dernières révolutions juives, faits qui vont se renouveler en France si nous n'amendons pas nos institutions, parce que les mêmes causes produisent toujours et en tout les mêmes résultats.

****

« Au temps de l'Ananie, on voyait le sang ruisseler le long des rues de Hiérusalem, le temple même, pavé de corps massacrés…

« C'était un misérable spectacle de voir, sans égard aucun, occire les vieux et les jeunes, et que la guerre fut menée avec telle cruauté entre les citoyens et associés d'une même ville; — il y fut occis, cette nuit-là, huit mille quinze hommes.

« Ceux qui étaient forts, robustes et propres pour leur faction, on les serrait en prison (*ce fait a eu lieu sur une large échelle dans la Commune de 1871 à Paris*). Mais il y eut des vertueux, qui aimaient mieux mourir que de se liguer avec ces troupes de séditieux.

« Les séditieux insinuèrent les moyens pour faire mourir les gens de bien et les plus riches; et ainsi, ayant assemblé le conseil, les juges du peuple et les septante anciens, Jean Galiléen, homme méchant et séditieux, leur dit : — A quoi tient de ce que vous ne condamnez pas à mort ces riches et puissants que vous savez avoir conspiré contre le salut du peuple, voulant livrer la cité aux Romains ?…

« Les juifs ainsi opprimés par ceux mêmes de leur nation, envoyèrent à Vespasien, le suppliant de les délivrer de leurs misères. »

(Histoire des vingt ans de la dernière guerre des Juifs de Flavius Josèphe, chapitre du siège de Jérusalem par Vespasien.)

Nota. — *Si les conservateurs français laissent venir, par leur inaction, les guerres et révolutions qui se préparent, ils en seront peut-être réduits à invoquer l'appui de l'ennemi, comme l'ont fait les conservateurs juifs, à Vespasien, d'après l'extrait ci-dessus des ouvrages de Flavius Josèphe.*

****

Je pense utile, pour clore ce préambule, de publier une remarquable lettre que m'a écrit un conservateur de mes amis, précisément sur le sujet de la présente brochure.

Voici le contenu entier de cette lettre :

« Châteauneuf, le 8 septembre 1883.

« Mon cher compatriote,

« J'ai reçu le Décalogue de l'individualisme, suivi d'un projet de Réforme élec-
« torale, et je l'ai lu avec beaucoup de plaisir. J'y ai retrouvé toutes vos idées, que
« je connaissais déjà, mais reproduites sous une forme plus condensée.

« Cependant, je persiste à croire que vos efforts réitérés pour frapper l'attention
« de vos concitoyens n'auront pas, cette fois encore, le succès qu'ils mériteraient.
« Je ne dis pas que nos contemporains ne soient pas, dès à présent, mûrs pour la
« grande révolution pacifique dont vous êtes le promoteur. Mais cela ne suffit pas :

« Il leur faudrait encore la conviction que le système que vous préconisez pro-
« duirait, en effet, les résultats que vous annoncez. Or, cette conviction, ils ne l'ont
« pas, parce qu'ils sont presque tous eux-mêmes plus ou moins individualistes. —
« **L'égoïsme, encore très vivace, les y pousse, parce qu'ils confondent**
« **sans cesse leur intérêt apparent avec leur intérêt véritable.**

« Je pense qu'il en sera ainsi tant que les conservateurs repousseront systéma-
« tiquement les sciences qui pourraient leur faire connaître la véritable nature
« et destinée de l'homme. Or, ils sont bien loin d'ouvrir les yeux aux lumières qui
« seraient pour eux le salut. Les uns s'accrochent en désespérés aux dogmes usés
« du catholicisme, sans vouloir accepter leur rénovation, et les autres ne veulent
« voir dans le monde que la matière actionnée par des forces aveugles.

« Tant que la grande masse intelligente de la Nation sera divisée en ces deux
« camps, le reste ne comptant pas encore, il n'y a pas à attendre de vrais progrès,
« parce que chacun espère secrètement que la roue finira par faire aussi un tour en
« sa faveur, et qu'il profitera à son tour des avantages que l'individualisme réserve
« à ses rares élus. En changeant de point de vue, on craindrait d'annuler cette

« bonne chance possible, sans compensations suffisantes ; par ce que l'on est aveuglé
« par de fausses données sur la destinée de l'homme.

« Voilà, je crois, les grands obstacles qui rendent vains nos efforts multipliés.
« Et malheureusement, ces obstacles-là, il ne dépend pas de vous de les supprimer.
« **Un cataclysme social n'est pas de trop**, lorsqu'il s'agit de changer un point
« de vue séculaire de l'humanité.

« Ces idées ne sont pas nouvelles pour vous, je vous les ai déjà plus d'une fois
« exposées. Il me semble que vous devez finir par leur reconnaître une part de
« vérité.

« J'espère qu'au milieu de tous vos travaux, votre santé reste bonne.

« Votre bien affectionné,

« C... »

Instruction. — Cette lettre n'a qu'un défaut, elle met tout le mal social sur le dos des victimes, et rien sur celui des bourreaux ; enfin, son auteur n'a pas l'air de connaître l'existence des sectes politiques, lesquelles corrompent pourtant et réellement la Société française ; mais en dehors de cette omission capitale, cette lettre est pleine d'aperçus profonds ; elle affirme et confirme, entre autres, le remarquable enseignement suivant, savoir :

*Des cataclysmes révolutionnaires sont prochains et certains, si les conservateurs continuent à se laisser **obséder** par le système social de l'individualisme et les grands prêtres de ce faux Dieu.*

Mais si les conservateurs voulaient adopter la Réforme électorale que je propose, en s'unissant à la colonne ouvrière de notre pays, ils changeraient bien vite toutes les ruines de notre nation en prospérité ; et cela, par la représentation des intérêts qui remplacerait de suite le long et sanglant règne du politicisme.

En effet, comme je l'ai inscrit en tête de mes dernières brochures, la représentation des intérêts colporte irréfutablement dans sa pratique : — **Les moyens certains pour enrichir la France, et avec elle tous les Français laborieux.**

DÉCLARATIONS FINALES

1° *Je persiste à garantir que : Lorsque les patrons établiront la Réforme électorale pour la représentation des intérêts, telle que je la leur présente, c'est-à-dire dans la pureté des principes sociaux, ils auront peu à peu avec eux, les six millions d'ouvriers laborieux de notre pays ; et cela,* **parce que tout dans la vie est intérêt et tout obéit à l'intérêt**.

2° *Les temps d'une rénovation sociale et générale sont arrivés ; — en conséquence, toutes les institutions séculaires qui ne se réformeront pas elles-mêmes, et de suite, en harmonie avec l'avancement humain actuel, périront fatalement ou seront amendées par la force.*

3° *Les sectes politiques ne sont fortes que par leurs malins hommes d'affaires, qui entretiennent les divisions d'intérêts entre les patrons et ouvriers de l'activité nationale. Il faut donc que les conservateurs patrons et ouvriers s'unissent et deviennent leurs propres hommes d'affaires, afin de diriger l'administration de la fortune publique, qui est exclusivement à eux.*

SOLUTION

DE LA

QUESTION SOCIALE PAR UNE RÉFORME ÉLECTORALE

POUR ÉCLAIRER

LE SUFFRAGE UNIVERSEL

CONSIDÉRATIONS

> Il faut toujours en revenir aux lois
> de la nature.

La raison d'être de la présente Société de Réforme électorale procède de l'esprit et de la lettre des lois universelles. En effet, la nature a créé deux seuls grands intérêts sociaux, qui commandent et dirigent toutes les relations de l'activité humaine :

L'intérêt des patrons de l'industrie et du capital.
L'intérêt des travailleurs et employés.

L'admirable harmonie de la nature a fait mieux que cela, elle a voulu que ces deux grands et uniques intérêts du travail et de la propriété, soient égaux en valeur partout, savoir :

1° Dans toutes les professions, l'exécution complète du travail est universellement considérée comme représentant, en moyenne, la moitié de la valeur commerciale des produits de chacune des industries manuelles;

2° Le travail des terres de l'agriculture et de la viticulture représente également, toujours en moyenne, la moitié de la valeur des fruits et denrées qu'il aide à faire produire au sol. La constatation de l'égalité des droits entre l'épargne du travail ancien, qui est la propriété, et le travail journalier, a créé le vieux contrat de la culture des terres à moitié fruits.

Ce contrat a réglé les intérêts des propriétaires et des culti-

vateurs pendant toute l'antiquité védique, ainsi que sous les régimes divers qui ont suivi les périodes bienheureuses dans les Indes de l'extrême antiquité, jusqu'à la conquête mahométane.

Le contrat du travail à moitié fruits est venu s'implanter chez les peuples de l'Europe, par les nombreuses émigrations indoues qui ont apporté la civilisation primitive sur toute la surface du monde connu alors.

Nous retrouvons cet équitable contrat dans les provinces françaises, soit sous le même titre, soit sous celui de **métayage.**

C'est le métayage qui a garanti nos départements de l'Ouest et du Midi des exagérations politiques de la terreur de 1793; cela a eu lieu ainsi, parce que **les bons comptes font toujours et partout les bons amis.**

3° Enfin, les impôts sont payés à peu près par moitié dans toutes les nations, entre les patrons et ouvriers de l'industrie, de l'agriculture et de la propriété. Les constatations de ce fait général existent; dans tous les cas, elles sont faciles à établir au moyen des éléments que les statistiques nous offrent.

*
* *

Les démonstrations ci-dessus font voir que : — Les Sociétés humaines vivront toujours sans avoir leur lendemain assuré, tant que les deux seuls grands intérêts des hommes civilisés ne seront pas unis et organisés syndicalement sous les noms traditionnels de :

Colonne Patronale.
Colonne Ouvrière.

Les colonnes du travail national doivent être égales en droits, puisque, comme je viens de le prouver, la nature leur a donné en tout et partout des devoirs égaux à remplir.

D'un autre côté : — La représentation politique constitue aujourd'hui le gaspillage des richesses publiques, parce que les intérêts de la France ne sont pas gouvernés par les intéressés eux-mêmes; enfin, parce que l'œil **du maître** ne contrôle pas l'emploi des fruits de la fortune productive du pays.

Par ces motifs, la représentation politique ne porte au pouvoir, neuf fois sur dix, que des avocats sans causes, des médecins *sans malades, des déclassés de la Société ainsi que les fruits secs de toutes les professions;*

Il est impossible que les Français continuent à se laisser ainsi ruiner, lorsqu'il est si facile pour eux de perfectionner leurs institutions.

*La Société de Réforme électorale que nous fondons amènera de suite ce dernier résultat, parce qu'elle a pour base exclusive **la représentation des intérêts**, c'est-à-dire leur équilibre.*

*****

Le fonctionnement de notre société est aussi élémentaire que les droits dont elle veut répandre l'exercice sont indéniables, savoir :

Notre comité syndical provoquera, à chaque élection, des réunions électorales de délégués des patrons et ouvriers, par chambres syndicales, par maisons industrielles, groupes isolés, etc.; — mais en prenant toujours pour base autant de candidats patrons que de candidats ouvriers pour chaque groupement d'industries similaires.

Ces candidats seront désignés en choisissant les arrondissements où les professions de chaque groupement électoral habiteront en majorité.

Tout se fera au grand jour dans notre Société réformatrice, parce que tout y sera honnête, régulier, avouable; enfin, la liberté la plus complète y sera pratiquée comme étant le premier des droits; c'est-à-dire que chaque groupe de patrons ou d'ouvriers pourra désigner le candidat qui aura sa confiance, pour aller discuter les intérêts dont il le chargera, soit à la Chambre des députés, soit au Conseil municipal.

*Ce ne sont donc pas les hommes politiques que notre société repousse, non, ce n'est que le système de gouvernement politicien, qu'elle désire remplacer par : **La représentation des intérêts.***

Grâce à ce moyen, le même député qui vote mal aujourd'hui, sous l'influence de l'esprit de secte que lui impose son groupe parlementaire, votera admirablement lorsqu'il subira exclusivement l'influence du groupe professionnel dont il sera le délégué. Comme on le voit clairement :

La représentation des intérêts, c'est la nation syndiquée.
La représentation politique, c'est la passion organisée.

De même que tous les maux des sociétés viennent du métier politique, de même, toutes les prospérités sociales et individuelles possibles, renaîtront peu à peu de la représentation des intérêts.

EN RÉSUMÉ : — *Le système social de l'individualisme a pour moyens d'action :*

1° *Les groupes électoraux actuels, qui sont généralement composés de déclassés et d'aboyeurs rétribués ;*

2° *Les groupes parlementaires, qui sont généralement composés d'aspirants à la corporation gouvernante pour les chefs, et d'aspirants aux fonctions et privilèges de l'Etat et des villes pour le reste.*

On ne sait pas assez que :

Les discours des députés ne sont que pures comédies, car jamais, dans un vote important, un discours quelconque n'a fait varier d'une seule voix le vote des lois, convenu à l'avance dans les groupes parlementaires : — Lorsqu'un vote important a lieu ex-abrupto sur une proposition émise dans la même séance, les chefs des groupes parcourent les bancs des députés, leur disent comment il faut voter, — et ils sont obéis passivement ! — « Et pourtant, pris chacun à part » — me disait le député duquel je tiens le renseignement ci-dessus — « nous sommes d'honnêtes gens, tout en obéissant ainsi et à regret, pour la plupart, aux institutions du mal, et cela, grâce à l'organisation officielle des sectes politiques. »

Il est donc évident que : — La représentation des intérêts obligera et intéressera surtout les députés à être également honnêtes, et même vertueux pour d'aucuns, dans la pratique de leurs fonctions législatives.

CONCLUSION

L'état social, tel que notre Société de Réforme électorale le comprend, constitue l'administration économique et ménagère des sociétés.

La représentation des intérêts doit donc pouvoir fonctionner dans la plénitude [de ses droits sous toutes les formes possibles de gouvernement ; — le grand philosophe de la nature disait fort justement à ce sujet : « Je ne suis pas venu pour détruire, mais bien pour améliorer. »

Par ce motif, constituant le meilleur principe possible de

Réforme économique; les divers peuples de l'Europe pourront adopter chacun à leur tour la représentation des intérêts, aussi bien que la France et les Etats-Unis de l'Amérique du Nord; ce grand progrès pourra se produire sans révolution violente, c'est-à-dire en respectant partout les formes gouvernementales existantes.

En définitive, le politicisme est le ver rongeur qui dévore tous les Etats, la France et les Etats-Unis en premier.

Mais lorsque les deux colonnes patronale et ouvrière d'un pays seront débarrassées de la servitude politique par l'organisation électorale, elles constitueront l'immense balancier du règne de la justice dans leurs relations d'intérêts, publiques et privées.

LE SEUL ET VRAI SUFFRAGE UNIVERSEL

« Qu'un homme soit rentier, propriétaire, agriculteur, commerçant, artiste, homme de science, ou travailleur de n'importe quel métier, etc., cet homme représente toujours un intérêt producteur spécial.

« Il s'ensuit naturellement que :

« Les hommes ou pères de famille de la même profession représentent un seul et même intérêt social lorsqu'ils sont réunis.

« Au contraire :

« Si les citoyens d'une ville ou d'un canton (*qui ont pour ainsi dire chacun une profession variée, c'est-à-dire des intérêts communs différents*) étaient assemblés pour discuter, ils ne parviendraient jamais à s'entendre, parce que chacun d'eux parlerait une langue différente d'intérêts; leurs discussions représenteraient donc celles qui ont eu lieu pour la construction de la Tour de Babel.

« Voici la conséquence de ce fait :

« Le mandat syndical et professionnel est conforme à l'esprit des lois de la nature.

« Tandis que le mandat politique est un blanc-seing qui engage le mandant, mais qui n'engage nullement le mandataire.

« Le suffrage universel dans la profession est donc le seul véritable.

« Mais le suffrage universel actuel, de par lequel tout le monde vote pêle-mêle, est l'organisateur légal de la servitude populaire, par la raison bien simple que le mandataire, représentant tout le monde, ne représente par le fait que lui-même.

« Enfin, l'un est la collectivité, c'est-à-dire le bien ; l'autre, le règne du privilège individuel, c'est-à-dire le mal. »

(Extrait du *Bilan financier*, de J.-P. Mazaroz.)

Instruction. — L'organisation politicienne, base des privilèges individuels, fait nommer depuis dix ans, mais surtout dans les grandes villes, un certain nombre de députés et conseillers municipaux absolument insolvables, et dont quelques-uns logeaient en garni avant d'être élus.

Il est facile de comprendre que, par leurs besoins qui sont toujours assez grands ; ces honorables peuvent devenir des hommes à vendre, et que peu d'entre eux doivent rester à louer moralement.

Comme résultat original de cet état politique.

Les électeurs ne font généralement pas crédit à un homme absolument insolvable, et pourtant, l'organisation politicienne aveugle assez les électeurs, pour que beaucoup d'entre eux donnent souvent leurs voix aux déclassés de l'intransigeance, afin de les nommer députés et conseillers municipaux.

Par ce fait journalier on voit que :

Les anciens défendaient de tenter Dieu ; mais les électeurs français tentent réellement le diable, en mettant les caisses publiques sous la direction de citoyens sans aucune responsabilité.

Par ces divers motifs, il est urgent d'organiser au plus tôt la Société de Réforme électorale, qui sauvera la France d'abord et le monde ensuite, de la désagrégation préparée par le système social de l'individualisme.

Voici la petite cause qui produira ce grand effet.

A côté et en concurrence avec les sectes politiques, notre Société instituera la légion des honnêtes gens patrons et ouvriers, cette légion comprendra peu à peu tout le monde.

Les actionnaires fondateurs

SOCIÉTÉ DE RÉFORME ÉLECTORALE

POUR ÉCLAIRER

LE SUFFRAGE UNIVERSEL

PAR LES

RÉUNIONS ÉLECTORALES MIXTES

COMPOSÉES DE

Moitié PATRONS et Moitié OUVRIERS

AVEC ORGANES DE PUBLICITÉ

J.-P. MAZAROZ

PROMOTEUR

BULLETIN DE SOUSCRIPTION

Je, soussigné (nom et prénoms),..

demeurant à...

déclare souscrire pour........................... *action de cinq cents francs, j'en acquitterai le montant selon les statuts de la Société, dont les extraits y relatifs sont imprimés ci-contre.*

Signature :

N. B. — Écrire lisiblement les nom, prénoms et adresse.

(Au verso, l'extrait des Statuts.)

EXTRAIT DES STATUTS

Dénomination de la Société. — Son objet. — Son siège. — Sa durée.

ARTICLE PREMIER.

Par les présents, il est formé une Société anonyme dont voici le titre :

SOCIÉTÉ DE RÉFORME ÉLECTORALE

Les adhérents de cette Société considèrent que : — Le travail étant la base de toute fortune, l'instruction et l'émancipation des producteurs par le travail organisé sont des actes de bonne administration à l'actif des citoyens qui s'en occupent.

ART. 2.

La mission de la présente Société est indiquée par son titre, — mais son moyen d'opérer est d'amener peu à peu, — sous le couvert et la protection des lois existantes, les patrons et ouvriers des professions générales, de l'agriculture, du commerce et de la propriété, — à la direction et à l'administration de tous les intérêts publics, en faisant nommer des patrons et des ouvriers en nombre égal par le suffrage universel, membres de la Chambre des députés et des Conseils municipaux, etc.

ART. 3.

Le siège de la Société est fixé à Paris, son action s'étend sur tout le département de la Seine, puis par fédération dans toute la France ; — à cet effet, l'établissement de succursales et d'agences sera provoqué dans tous les départements français ; — et cela, afin que le but auquel tend la Société s'accomplisse le plus tôt possible dans le pays entier.

ART. 4.

La durée de la Société est fixée à quatre-vingt-dix-neuf ans, à partir de sa constitution.

TITRE II

Capital social.

ART. 5.

Pour le département de la Seine, le fonds social, fixé à deux millions de francs, est réparti en quatre mille actions de cinq cents francs chacune : — Le fonds social pourra être augmenté d'un autre million et même d'un chiffre supérieur, sur la proposition du conseil d'administration, approuvée par la majorité de l'assemblée générale, représentant, dans son ensemble, au moins la moitié du capital versé.

La Société sera de droit constituée, après une souscription préliminaire de cinq cent mille francs de capital-actions et le versement du quart de ce capital.

ART. 6.

Le montant des actions est payable, savoir :

25 0/0 comptant.

Et les 75 0/0 restant aux époques fixées par le Conseil d'administration.

ART. 7.

Jusqu'à la libération intégrale de chaque action, il ne sera délivré que des certificats provisoires constatant les versements effectués.

ART. 8.

Les actions sont nominatives ou au porteur, au choix du titulaire.

ART. 9.

Les certificats, ainsi que les actions, sont détachés d'un livre à souche, revêtus d'un numéro d'ordre et signés par un syndic ainsi que par le directeur.

TITRE III

Opérations de la Société.

ART. 10.

La Société est autorisée à faire paraître un journal quotidien sous le titre de : *la République professionnelle*, et tous autres, selon la décision de la majorité du Conseil d'administration.

ART. 16.

Se conformant exactement à la loi organique du suffrage universel actuel, la Société provoque des réunions électorales, dirigées par des syndics patrons et ouvriers des groupes professionnels existants, les candidats patrons et ouvriers désignés par ces groupes seront présentés aux suffrages des électeurs, soit dans leurs circonscriptions respectives, soit par le scrutin de liste.

ART. 17.

Par ses journaux, par des brochures, des conférences et par tous les autres moyens utiles et pratiques, la Société renseignera à ses frais les électeurs sur les candidats de l'industrie et du commerce qui leur seront ainsi présentés, en instruisant les électeurs sur les avantages que leur donnera la représentation des intérêts.

Paris. — Imprimerie Nouvelle (association ouvrière), 11, rue Cadet. — G. Masquin, directeur. — 14840.

DU MÊME AUTEUR

PARIS. — IMPRIMERIE NOUVELLE (ASSOCIATION OUVRIÈRE), RUE CADET, 11. — G. MASQUIN, DIR.

www.ingramcontent.com/pod-product-compliance
Lightning Source LLC
Chambersburg PA
CBHW061637050726
47595CB00007B/3238